चौंसठ सूत्र
सोलह अभिमान
कामसूत्र से प्रेरित

अविनाश मिश्र

चौंसठ सूत्र सोलह अभिमान

कामसूत्र से प्रेरित

राजकमल प्रकाशन

ISBN : 978-93-88753-92-0

मूल्य : ₹299

पहला संस्करण : 2019

प्रकाशक : राजकमल प्रकाशन प्रा. लि.
1-बी, नेताजी सुभाष मार्ग, दरियागंज
नई दिल्ली-110 002

शाखाएँ : अशोक राजपथ, साइंस कॉलेज के सामने, पटना-800 006
पहली मंजिल, दरबारी बिल्डिंग, महात्मा गांधी मार्ग, इलाहाबाद-211 001
36 ए, शेक्सपियर सरणी, कोलकाता-700 017

वेबसाइट : www.rajkamalprakashan.com
ई-मेल : info@rajkamalprakashan.com

मुद्रक : यश प्रिंटोग्राफिक्स
नोएडा-201 301 (उत्तर प्रदेश)

Chaunsath Sutra Solah Abhiman
Poems by Avinash Mishra
Sketches by Manoj Kulkarni

कामसूत्रकार आचार्य वात्स्यायन
युवा आचार्य उदय शंकर
और
प्रिया *विजया* के लिए

उल्लेखनीय

प्रस्तुत पुस्तक में वे कविताएँ हैं जो लिखी नहीं गई हैं—ये आई हैं और हुई हैं। बहुत सम्भव है कि यह कथ्य हिन्दी कविता के अद्यतन संसार में सन्देह के प्रकाश में देखा जाए। इसके हास्य या मनोरंजन का केन्द्र बनने की आशंकाएँ भी पर्याप्त हैं। लेकिन कवि यह पुनः कहना चाहता है कि प्रस्तुत पुस्तक में वे कविताएँ हैं जो लिखी नहीं गई हैं—ये आई हैं और हुई हैं।

प्रेम जब कवि तक आया तब ही उसकी आयु में 'कामसूत्र' का भी आगमन हुआ। इस ग्रंथ का पाठ प्रेम करने की प्रक्रिया के संग गतिशील रहा। प्रेम और 'कामसूत्र' के आगमन के साथ ही ये कविताएँ भी आना आरम्भ हुईं। कुछ संवादों में आईं, कुछ नींद में, कुछ चलते हुए आईं। कुछ आनन्द में आईं, कुछ मतभेद में, कुछ वियोग में आईं। कुछ धीमे–धीमे आईं, कुछ बहुत तीव्र, कुछ प्रस्तुत समग्रता को सरकाकर कवि को खोजते हुए आईं। इनमें से कुछ अपने प्रभाव में संगीत की तरह उस पर सवार हुईं, कुछ शराब की तरह और कुछ ज़हर की तरह। इनमें से कुछ प्रेम को कुछ स्थगित करते हुए भी आईं, कुछ प्रेम को कुछ परिवर्तित और कुछ प्रेम को और गति देते हुए भी आईं।

ये कविताएँ कवि का ध्येय नहीं रहीं, कवि ही इनका ध्येय रहा। इस ध्येय के धर्म ने कवि के संसार को बहुत प्रेमपूर्ण और

सजीव किया। ...और कवि ने इससे प्रतिकृत होते हुए यह प्रयत्न किया कि वह इस धर्म के मूल स्वर को सुरक्षित रखे और राजनीतिक रूप से सही होने के दबाव में इसे संकुचित, कृत्रिम और अशक्त न होने दे। इस प्रकार वे मूल प्रेरणाएँ और अभिहित क्षण कवि का न्याय पा सके जिनमें इन कविताओं का आना और होना आरम्भ हुआ।

'चौंसठ सूत्र' शीर्षक खंड में समाई कविताओं और 'कामसूत्र' का सम्बन्ध बस इतना ही है कि इनका कवि 'कामसूत्र' और प्रेम में बिल्कुल एक ही समय में डूबा हुआ रहा।

'सोलह अभिमान' शीर्षक खंड में समाई कविताओं के सन्दर्भ में व्यक्त कथ्य, 'चौंसठ सूत्र' के सन्दर्भ में ऊपर व्यक्त कथ्य से कुछ अलग है। ये कविताएँ भी लिखी नहीं गई हैं—ये भी आई हैं और हुई हैं, लेकिन इनका आगमन यहाँ इस पुस्तक में 'चौंसठ सूत्र' के उपरान्त होने पर भी, वास्तविकता में इससे कुछ पूर्व का है। इन कविताओं में अपने प्रेमास्पद को सम्पूर्णता में न जी पाने के यथार्थ के रहते हुए भी उसे सोचते, देखते और चाहते चले जाने का दर्प है। इनमें एक 'द्वितीय नागरिकता' है।

कवि को स्वयं अपनी कविताओं के विश्लेषण से बचना चाहिए—इसमें ही उसकी मर्यादा है—लेकिन इन कविताओं की प्रस्तुति से पूर्व कुछ उल्लेखनीय व्यक्त करने के उपक्रम में वह इस सीमा का कुछ उल्लंघन कर गया है। इस अनुचित चेष्टा के लिए वह क्षमाप्रार्थी है और स्वयं को आस्वादकों द्वारा सम्भव आगामी सारे विश्लेषणों के लिए प्रतीक्षित, उत्सुक और वेध्य बनाते हुए इन कविताओं से अलग होता है...

'चौंसठ सूत्र' और 'सोलह अभिमान' का प्रथम प्रकाशन क्रमशः 'तिरछी स्पेलिंग' और 'मंतव्य'/ 'जानकीपुल' जैसे प्रकाशन माध्यमों पर हुआ। कवि इनके सम्पादकों और संचालकों

के प्रति कृतज्ञ है, और उन आस्वादकों के प्रति भी जिन्होंने इन कविताओं को अपना समय और स्नेह दिया। राजकमल प्रकाशन ने इन्हें पुस्तकाकार प्रस्तुत करने के योग्य समझा, इसके लिए श्री अशोक महेश्वरी और श्री सत्यानन्द निरुपम के प्रति भी कवि हार्दिक आभार व्यक्त करता है।

नई दिल्ली **अविनाश मिश्र**
17 जनवरी 2019

क्रमबंध

चौंसठ सूत्र

सोलह अभिमान

चौंसठ सूत्र

मंगलाचरण

मेरे लिए अब प्रार्थना करने
और तुम्हारे नाम के
दुहराव के बीच
कोई दुराव नहीं है

मेरे प्रार्थनाक्षर
तुम्हारे नाम के वर्णविन्यास को चूमते हैं

मेरी आकांक्षा है कि
सतत प्रार्थना में ही रहूँ

आलिंगन

वह फाल्गुन था जब तुम आईं
अवसाद मुझे नष्ट करने ही वाला था
मैं जैसे एक सन्धि पर था
एक मिलनबिन्दु पर

यह तुम्हारे आगमन से हुआ कि
अवसाद को मदहोशी
और उदासी को उन्माद में बदलने के लिए
मैं तुम्हारे अधरों का आघात चाहने लगा

चुम्बन

वे औपचारिक नहीं
प्रामाणिक थे
कभी तर्क की तरह प्रस्तुत
कभी सिद्धान्त की तरह
वे सबसे प्रचलित दृष्टिकोण की तरह
स्वीकार्य थे
उनमें प्रतीक्षा का धैर्य था
और अनिश्चितता का तत्त्व भी

नखक्षत

वे अल्पविराम थे
तुम्हारे कन्धों और नाभि के निकट उभरे हुए
स्तनालिंगन के मध्य
मेरे नाम का वर्णविन्यास रचते
वे तुम्हारे पृष्ठ पर थे
और जिनके पश्चात भी प्रारम्भ होते हैं वाक्य
ऐसे पूर्णविरामों की तरह
वे थे तुम्हारे नितम्बों पर

दंतक्षत

जिह्वायुद्ध में
तुम्हारी हँसी को चूमते जाते हुए
वे चन्द्रबिन्दु की तरह
लुप्त होना चाहते थे :
बिन्दुमाला बनाते हुए

अर्थ न खोए
सौन्दर्य
भले ही खो जाए

संवेशन

प्रकट में तुम बहुत मौन हो
स्वगत में बहुत वाचाल

सौन्दर्य के लिए नहीं लय के लिए आवश्यक
मेरे समग्र स्वप्नचित्रों का केन्द्रीय वैभव हो तुम

सीत्कृत

हल्के प्रकाश में
तुम और भी सुन्दर थीं
हल्की साँस लेती हुईं
आशंका को स्थान न देती हुईं
लापरवाहियाँ तुम्हारे शिल्प में थीं

इस अर्थ में इस अर्थ से दूर
तुम्हारी बन्द आँखों में भी मद था
मैंने देखा सारी रात
तुम्हें
खुली आँखों से

पुरुषायित

जब मैं परीक्षा पूरी दे लूँ
प्रीति मुझे लेने आए
मैं थक जाऊँ इतना प्रणययुद्ध में
कि सूर्यास्त मेरी प्रशंसा करे
रात्रि मुझे और उत्तेजना दे
सूर्योदय मुझे और बल

औपरिष्टक

तुमसे ही माँगूँगा तुम्हें
सिर्फ़ तुम्हें
इन्कार मत करना

देने से घटता नहीं है
और बचाते हैं वे
जिनके पास होता है कम

अनन्यपूर्वा

कुँवारे भाव
कुँवारे राग

कुँवारी सृष्टि
कुँवारी आग

कुँवारा हृदय
कुँवारा सुहाग

मुझे उम्मीद थी
मैं नाउम्मीद नहीं रहूँगा

वरणसंविधान

जो आत्मबल से युक्त हैं
मैत्री से सम्पन्न
नागरिकता से पूर्ण
मनोभावों को समझते हैं
देशकाल की परिस्थितियों के ज्ञाता हैं
ऐसे नायकों को
अनायास ही मिलती हैं
अलभ्य नायिकाएँ

आत्मवंचित
मैत्रीमुक्त
नागरकतारहित
अन्तर्मुखी
एकाकी नायकों (?) के लिए है :
हस्तमैथुन

विवाहयोग

उच्चकुल भी रच सकता है नर्क
सम्बन्धी भी कर सकते हैं घात
सम्पन्नता भी कर सकती है व्यथित
सुख भी कर सकता है छल

मात्र अनुराग ही है चयन के योग्य
मनोनुकूल
श्रेष्ठ
अभीष्ट

कन्यावरण

किसी नक्षत्र को अशुभ मान लेना
किसी नदी को अपवित्र
किसी वृक्ष को अस्पृश्य
किसी अक्षर को अवांछित
किसी स्त्री से भी ऐसे ही व्यवहार करना

नक्षत्रों के नामों वाली
नदियों के नामों वाली
वृक्षों के नामों वाली
'ल' और 'र' पर ख़त्म हो जिसका नाम
ऐसी किसी स्त्री से विवाह न करना

लेकिन जब कोई स्त्री चीन्ह ले
तुम्हारी आँखों में
तुम्हारा सारा दुःख
तब भूल जाना सब कुछ
और बना लेना उसे अपनी
साँसों से भी ज़्यादा ज़रूरी

सम्बन्धनिश्चय

तुम्हारे क़दमों से मिलाता हूँ
अपने क़दम
तुम्हारी रफ़्तार से
अपनी रफ़्तार
तुम्हारी उँगलियों से
अपनी उँगलियाँ

तुम्हारे साथ चलना
भविष्य का अभ्यास करना है

परिचयकारण

सुन्दरताओं के सूत्र
सुन्दरताओं को नहीं देते

जब तुमने कहा :
"मैं इतनी सुन्दर नहीं"

मैंने नहीं कहा :
"मेरी आँखों से देखो"

आभ्यासिकी

प्रेम अगर सफल हो
तब पीछे से उम्र घटती है
अगर असफल हो
तब आगे से
तुम्हारे बग़ैर
मेरी सारी यात्राएँ अधूरी हैं

आभिमानिकी

बहुत असभ्य और अश्लील हैं अँधेरे मेरे
तुम हो रही सुबह की तरह सुन्दर हो

प्रेम है अस्तित्व की एक अवस्था
और तुम इसमें मेरा पता
मुझ तक पहुँचने के लिए
ज़रूरी है जानना तुम्हें

सम्प्रत्ययात्मिका

सब तुमसे पूछेंगे :
"तुमने मुझमें क्या देखा"

तुम मुझसे पूछोगी :
"तुमने मुझमें क्या देखा"

मैंने तुम्हें
तुमने मुझे
देखते हुए देखा

परस्पर घायल इस सन्दर्भ में
एक दूसरे के प्रति इतने सच्चे
कि सारे संसार के लिए झूठे

विषयात्मिका

जो प्यार में हैं
प्यार और बरसता है उन पर

जो नहीं हैं प्यार में
वे तरसते हैं प्यार की एक बूँद को भी

मैं बहुत वक़्त से प्यार में हूँ
बहुत वक़्त से नहीं था प्यार में

प्रयोज्या

प्यार हो तो तुम
कैसे भी रह लोगी
तुम कोई कहानी नहीं हो
जो मुझे दुःख दोगी

समरत

कभी तुम्हारे पैरों में दर्द होगा
तब मैं दबा दूँगा

कभी मेरे पैरों में भी
दर्द होगा...

हम पहले और अकेले नहीं होंगे
दर्द में

अधररेखा

वहाँ रहना भी सुन्दर है
कुछ देर
जहाँ कुछ देर बाद रहना
सुन्दर न लगे

वक्षरेखा

गहराई
सदा
सुन्दर
होती है
यह अलग तथ्य है कि
दृष्टि उसमें डूब जाती है

योनिरेखा

समय से पूर्व पहुँचना मूर्खता है
समय पर पहुँचना अनुशासन
समय के पश्चात पहुँचना अहंकार

अशिक्षितपटुत्वम्

स्त्रियों में कलाओं का संस्कार जन्मजात होता है
शास्त्रीयता और प्रयोग से वे और कलावान् होती हैं

पुरुष कलावान् नहीं हो सकते
वे या तो कलावादी होते हैं या कलाविरोधी

एकपुरुषाभियोग

तुम बार-बार खुलना चाहती हो
मेरे सामने
बार-बार बढ़ते हैं मेरे हाथ
तुम्हें बाँधने

प्यार एक लय है
इसमें मुक्ति कहाँ

मयूरपदक

एक स्तन को प्यार करो
सारी रात
तब दूसरा रहता है उदास
सुबह तक

इस उदासी को जानता है वह जल जो
बालों
आँखों
अधरों
गर्दन
से
उतरता
हुआ
पहुँचता
है
उस
तक

रागवत्

इतना ध्यान दूँगा तुम पर
ख़ुद का ध्यान नहीं रख पाऊँगा

स्नानागार की दीवार पर चिपकी
बिंदिया की तरह छूट जाऊँगा

सारे उजालों में तुम बिन रहूँगा मायूस
नाक की कील की तरह कहीं गिर जाऊँगा

साँझ ढले जब तुम लौटती होगी
तुम्हारे माथे से स्वेद बूँद की तरह चू पड़ूँगा

रात गए जब तुम गिरोगी मुझ पर
बिस्तर की तरह तुम्हें सँभालूँगा

तुम बिन
बहुत बर्बाद हूँ मैं

आहार्य राग

सीढ़ियों पर
झूलों में
चट्टानों पर
रजतरश्मियों में
तुमने उतारा मुझे अपने भीतर
हमारे अभिसार की आवाज़ों में खो गया
समाचारों का कोलाहल
विस्मृत हुआ विश्व

कृत्रिम राग

मैं जानता हूँ तुम्हें
यह जानकर भी
तुम जानती नहीं मुझे
मैं सोचता हूँ यह
तुम सम्भवतः यह सोचती हो
मैं जानता हूँ तुम्हें
यह जानकर भी
तुम जानती नहीं मुझे

व्यवहित राग

तुम इच्छाओं से भरी हुई हो
जैसे यह सृष्टि

मैं सुन सकता हूँ तुम्हें उम्र-भर
व्रती है यह दृष्टि

पोटारत

जाना तो जाना
कुछ भी नहीं जाना

कुछ मनवाया
कुछ माना

मुझसे क्या-क्या झूठ बोला
सच-सच बोलो

खलरत

सुख के लिए
मैं तुम्हें दर्द नहीं दे सकता

क्योंकि जानता हूँ
सुख के लिए
तुम सह सकती हो
दर्द भी

अयंत्रित रत

अंगराग की तरह लगता हूँ
तुममें
असंदिग्ध है मेरी योग्यता
नए सौन्दर्य साधनों के सम्मुख

मुझे कविता पसन्द है
और कविता को मैं
बस इतना पर्याप्त है
मेरे कविकर्म के लिए

आलम्बन

आँखें जलती हैं नींद से
ख़्वाब दूर खड़े रहते हैं
तुम सोती हो मेरे कन्धों पर
मैं लगाता हूँ तुम्हारा तकिया

मेरी नींद
तुम्हें लग गई है

आलाप

तुम खोज लाती हो
मेरी सारी खोई बातों के सूत्र

मैं खोजता हूँ
तुम्हारे
केशों में अपनी साँसें

तुम्हारे
उरोजों और ऊरुओं पर
स्मारणीयक

सुरत

तुम सो गई हो प्यार के बाद
मैं तुम्हें सोते हुए देख रहा हूँ
जब तुम जागोगी
मैं तुम्हें फिर प्यार करूँगा
तुम फिर सो जाओगी
मैं तुम्हें फिर देखूँगा

कन्याविस्त्रम्भण

मेरी उँगलियों की छुअन से
होती है तुम्हारे पेट में गुदगुदी
इसका अर्थ है :
तुम सच्ची हो प्रेम में
अगले संसर्ग में नहीं करवाओगी विलम्ब

अगर नहीं होती गुदगुदी
इसका अर्थ होता :
तुम तड़पाओगी बहुत...

यह शुद्ध संशय नहीं
संकीर्ण संशय है

गोष्ठीसमवाय

"टूटी हुई बिखरी हुई"
शीर्षक यह मेरा नहीं है

"द्रव्य नहीं कुछ मेरे पास
फिर भी मैं करता हूँ प्यार"
पंक्तियाँ ये मेरी नहीं हैं

"चिकनी चाँदी-सी माटी
वह देह धूप में गीली
लेटी है हँसती-सी"
कविता ये मेरी नहीं है

मेरी
केवल
तुम हो
एकमात्र
कविता

घटानिबन्धन

जो सबसे ज़्यादा असुन्दर थी
उसने स्वयं को सबसे ज़्यादा सजा रखा था
जो उससे कम असुन्दर थी
उसने स्वयं को उससे भी ज़्यादा सजा रखा था
जो कम सुन्दर थी
उसने स्वयं को कम सजा रखा था
और जो वास्तव में सुन्दर थी
वह वहाँ आ नहीं पाई थी

छायाचुम्बन

कहीं होकर भी नहीं होना
कहीं नहीं होकर भी होना

बहुत रूप हैं तुम्हारे
रंग मात्र एक मेरा

रतरम्भावसानिक

प्रेम का प्रारम्भिक प्रभाव
बहुत मधुर लगता है
जैसे
कोई गीत अपने शुरुआती संगीत से
जगाता है अपेक्षाएँ
एक फूल भी यही करता है
इस सच के बावजूद
कि यह प्रभाव नहीं रहेगा

चित्ररत

तुम्हारी आँखें जैसे जामुन
तुम्हारी हँसी जैसे घुँघरू
तुम्हारे होंठ जैसे नाव
तुम्हारी साँसें जैसे नदी में फेंका गया पत्थर

उपमाएँ क्षीण हो रही हैं
स्मृति गहन

चक्षुःप्रीति

प्रेम का अभिनय नहीं हो सकता
प्रेम अभिनय को उपेक्षा की आँखों से देखता है

उपेक्षा मारती है जब अभिनय को
तब वह जान पाता है कि
प्रेम
रंगस्थल नहीं है

चित्तासंग

मैंने सोचा :
कल तुम कहकर भी नहीं आओगी

यह सोचते ही
आनेवाला कल
मेरे लिए
बीता हुआ कल हो गया

संकल्प

तुम्हें कितना चाहा
और बदले में
कुछ नहीं चाहा
तवज्जोह तक नहीं

निद्राच्छेद

संकल्प
बहुत तेज़ दर्द की तरह उठता है
सीने में

शुभरात्रि की जगह
प्रेमरात्रि कहती है
मेरी
नींद
मुझे

तनुता

ख़ुद को तुम्हें देकर
तुम्हें बड़ा और गहरा किया मैंने

मैं भरता हूँ तुम्हारी नाभि में जल
भरती नहीं मेरी प्यास

तुम्हारा अभाव नष्ट हुआ
मेरा स्वभाव

व्यावृत्ति

तुम सबसे बड़ी आलोचक मेरी
मैं सबसे बड़ा प्रशंसक तुम्हारा
यह सुख है

शेष दुःख
मेरे खाते में लिख दो
वे धीरे-धीरे मुझे खाते रहेंगे

लज्जाप्रणाश

''तुम अच्छी हो''
तुमसे सम्बोधित यह बात
मैं पूछता नहीं हूँ
कहता हूँ

''मैं अच्छी हूँ''
मुझसे सम्बोधित यह बात
तुम पूछती नहीं हो
कहती हो

तुम ठीक से नहीं सुनतीं
''तुम अच्छी हो''

उन्माद

तुमने इस क़दर सताया मुझे
कि तुम्हें लगा तुम भी सता सकती हो

एक सताई गई स्त्री भी सता सकती है
यह तुम बता सकती हो

मूर्च्छा

मैं नहीं आया तुम्हारे पास
तुम ही आईं

तुम्हारा प्यार तुम्हारी ताक़त है
मेरा प्यार मेरी दुर्बलता

मरण

मेरे हृदय की ओर आते बाण बहुत थे
प्रेम ने भी मुझे निष्कवच किया

मैं इसलिए मरता हूँ तुम पर
क्योंकि जी नहीं सकता तुम्हारे बग़ैर

भावपरीक्षा

तुमने कहा :
"मैं जा रही हूँ"

मैंने कहा :
"आओगी नहीं"

इस 'आओगी नहीं' के आगे प्रश्नचिह्न है या नहीं
यह एक प्रश्न है

विस्थापन

आकाश से तुम पर आती हुईं जलबूँदें
बहुत अपरिचित थीं तुमसे
आकर इतनी विलीन हुईं तुममें
कि विस्मृत हुआ व्योम उन्हें

प्रवासचर्या

कितने दिवस हुए
चाँद हाथों में लिये हुए

कितने दिवस हुए
शीतलता छुए हुए

कितने दिवस हुए
आँखों में गए हुए

एकचारिणी

मैं न देख सका जिन दिवसों में तुम्हें
उन दिवसों में तुमने नहीं किया सिंगार

व्यय को व्यर्थ हो जाने दिया
व्यथा को व्यापक

क्षीरजलक

सुन्दर था वह क्षण
स्मृतियों में भी वही हुआ

मैं बहुत ग़लत था जीवन में
तुमसे मिलकर सही हुआ

स्त्रीपुरुषशीलावस्थापन

एकल रहना है स्त्रीवाद
'मुझे चाँद चाहिए' कहना है स्त्रीविरोधी
कौमार्य की चाह में न बहना है प्रगतिशीलता

इस संसार के पार भी है एक संसार
जहाँ एक रोज़ तुम्हारा बहुत सुन्दर लगना
रोज़ तुम्हें ग़ौर से न देखना है

सवर्णा

विवाहपूर्व यौन सम्बन्ध
विवाहेतर यौन सम्बन्ध
विवाह पश्चात भी हस्तमैथुन
हमउम्र मित्रों या कमउम्र बच्चों के साथ
अप्राकृतिक और अशोभनीय आचरण
कभी-कभी कुत्तों
या निर्जीव वस्तुओं के साथ अराजक हो जाना
और भी तमाम माध्यम हैं
विवाह कर लाई गई एक लड़की को
बग़ैर छुए प्रताड़ित करने के

निरनुबन्ध

अनैतिकताएँ
कुछ भी पहन लें
वासनाएँ ही जगाती हैं :
प्रेम
प्रगतिशीलता
स्त्रीविमर्श

नीवीविस्रंसण

जब तुम गर्भ में थीं
मैं तुम्हें नहीं जानता था
जब तुम गुरुकुलों में थीं—
शास्त्रार्थ के लिए प्रवीण होती हुईं
मैं तुम्हें नहीं जानता था
जब तुम राजधानी में आईं—
प्रतिकार को संगठित करने
मैं तुम्हें नहीं जानता था
मैं खो गया तुममें
क्योंकि मैं तुम्हें नहीं जानता था
जब तुम मुझे आकांक्षाओं के समीप ले गईं
और बुझ जाने तक मैंने तुम्हें प्यार किया
तब तक मैं तुम्हें नहीं जानता था

नखविलेखन

नाख़ूनों से तुम्हारे स्तनों पर
अर्द्धचन्द्र बनाते हुए
मैंने देखा :
पुराने अर्द्धचन्द्र अब तक भरे नहीं हैं

तुम विरह में रहीं
क्योंकि मैंने भूल की

उपसंहार

दर्द वह मेरा है
जो तुम्हें होता है
तुम ही बढ़ाती हो इसे
तुम ही और बढ़ाती हो

तुम्हारे सब अंग
अब मेरे संग हैं

सोलह अभिमान

सिन्दूर

क्या वह बता सकता था
कि अब तुम मेरी नहीं रहीं
लेकिन उसने ही बताया
जब तुम मिलीं बहुत बरस बाद
और वह तुम्हारे साथ नहीं था

बेंदा

यूँ तुम देखने में बुरे नहीं
उम्र भी तुम्हारी कुछ ख़ास नहीं
बनावट से भी तुम्हारी रश्क होता है
लेकिन तुम्हें सब वक़्त ढोया नहीं जा सकता
जबकि तुम उसके इतने क़रीब हो!

बिंदिया

वह तुम्हारा कोई स्वप्न थी या अभिलाषा
या कोई आत्मगौरव
या वह कोई बाधा थी
सूर्य, चन्द्रमा, नखत, समुद्र
या पृथ्वी की तरह नहीं
एक रंगबूँद की तरह प्रतिष्ठित :
तुम्हारे भाल पर

काजल

तुम्हारी आँखों में बसा
वह
रात की तरह था
दिन की कालिमा को सँभालता
उसने मुझे डूबने नहीं दिया
कई बार बचाया उसने मुझे
कई बार उसकी स्मृतियों ने

नथ

वह सही वक़्त बताती हुई घड़ी है
चन्द्रमा को उसमें कसा जा सकता है
और समुद्र को भी

कर्णफूल

बहुत बड़े थे वे और भारी भी
तुम्हारे कानों की सबसे नर्म जगह पर
एक चुभन में फँसे
झूलते हुए
क्या वे दर्द भी देते थे
तुम से फँसे तुम में झूलते हुए

क्या बेतुका ख़याल है यह :
क्या इनके बग़ैर तुम अधूरी थीं

नहीं, आगे तो कई तकलीफ़ें थीं

गजरा

मैं तुम्हारे अधरों की अरुणाई नहीं
तुम्हारे नाख़ूनों पर चढ़ी गुलाबी चमक नहीं
तुम्हारे पैरों में लगा महावर नहीं
नाहक़ ही मैं पीछे आया
तुम्हारे केश–अरण्य में गमकता
अपनी ही सुगंध से अनजान
मैं तुम्हारा अंतरंग नहीं

मंगलसूत्र

वह वास्तविक निकष है
एक तय निष्कर्ष का
या मुझे अनाकर्षित करने की कोई क्षमता
मर्यादा उसका प्रकट गुण है
और कामना तुम्हारा

मैं अगर कोई सूत्र हूँ
तब मेरा मंगल तुम पर निर्भर है

बाज़ूबन्द

वह
आमंत्रित है
मैं भी
अन्य भी

प्रथम पुरुष के लिए वह अर्गला है
मध्यम के लिए आश्चर्य
अन्य के लिए आकांक्षा

मेहँदी

इस असर से तुम्हारी हथेलियाँ कुछ भारी हो जाती थीं
इतनी भारी कि तुम फिर और कुछ उठा नहीं सकती थीं
इस असर के सूखने तक
बहुत भारी था जीवन
समय बहुत निर्भर

चूड़ियाँ

तुम्हें न देखूँ तब भी
बँधा चला आता था
बहुत मीठी और नाज़ुक थी
उनकी खनक
छूते ही रेज़ा-रेज़ा...

अँगूठी

इसका मुहावरा ही और है
यह सबसे पहले आती है
शेष सब इसके बाद—
एक भार की तरह
आत्मप्रचार की तरह
उदारता भी इसमें स्वाभात्रिक होती है
और उपेक्षा भी
यह जब जी चाहे उतारकर दी जा सकती है
उधार की तरह

मेखला

मध्यमार्गी वह
मध्य में मैं
मध्यमांगी तुम

पायल

वह शोर और वह दर्द जो उठ रहा था
उनसे नहीं उनके बिछुड़ जाने से उठ रहा था
कितनी सूनी कितनी अधूरी थी इस बिछुड़न में
तुम्हारी चाल
बेताल

बिछुए

वे रहे होंगे
मैं उनके बारे में ज़्यादा नहीं जानता
मैं उनके बारे में जानना नहीं चाहता
उनके बारे में जानना
स्मृतियों में व्यवधान जैसा है

इत्र

मैं ऐसे प्रवेश चाहता हूँ
तुममें
कि मेरा कोई रूप न हो
मैं तुम्हें ज़रा-सा भी न घेरूँ
और तुम्हें पूरा ढँक लूँ

परिशिष्ट

आधार ग्रंथ

श्रीवात्स्यायनमुनिप्रणीतं 'कामसूत्रम्'
हिन्दी व्याख्याकार : डॉ. पारसनाथ द्विवेदी
प्रकाशक : चौखम्बा सुरभारती प्रकाशन, वाराणसी।

सन्दर्भ

- आलिंगन, चुम्बन, नखक्षत, दंतक्षत, संवेशन, सीत्कृत, पुरुषायित, औपरिष्टक—सम्भोग के आठ प्रकार।
- आभ्यासिकी, आभिमानिकी,सम्प्रत्ययात्मिका, विषयात्मिका—प्रीति के चार प्रकार।
- रागवत्, आहार्य राग, कृत्रिम राग, व्यवहित राग, पोटारत, खलरत, अयंत्रित रत—सात रतविशेष।
- चक्षु:प्रीति, चित्तासंग, संकल्प, निद्राच्छेद, तनुता, व्यावृत्ति, लज्जाप्रणाश, उन्माद, मूर्च्छा, मरण—काम की दस अवस्थाएँ।

पारिभाषिक शब्दावली

नखक्षत : नाख़ूनों द्वारा देह पर अर्द्धचन्द्रादि चिह्न-विशेष।
स्तनालिंगन : स्तनों से नायक की छाती को दबाना।
दंतक्षत : दाँत से देह पर काटना।
जिह्वायुद्ध : नायक का अपने अधरों, जिह्वा और दाँतों से नायिका के अधर, दाँत और जिह्वा को भली-भाँति चूमना।

बिन्दुमाला	:	दंतक्षत का एक प्रकार जिसमें सभी दाँतों से काटने के कारण बिन्दुओं की एक माला-सी बन जाती है।
संवेशन	:	सम्भोगासन।
सीत्कृत	:	सीत्कार।
पुरुषायित	:	विपरीत रति अर्थात् जब स्त्री पुरुष के ऊपर आकर सम्भोग में क्रियाशील हो।
प्रणययुद्ध	:	प्रहणन।
औपरिष्टक	:	मुखमैथुन।
अनन्यपूर्वा	:	अक्षत-योनि।
वरणसंविधान	:	'कामसूत्र' का एक प्रकरण जिसमें विवाह-संस्कारों का वर्णन है।
नागरकता	:	रसिकता।
विवाहयोग	:	'कामसूत्र' का एक प्रकरण जिसमें सहायकों द्वारा कन्या को अनुकूल बनाने के उपाय हैं।
कन्यावरण	:	'कामसूत्र' के वरणसंविधानप्रकरण का एक भाग।
सम्बन्धनिश्चय	:	'कामसूत्र' का एक अन्य विवाह-सम्बन्धी प्रकरण।
परिचयकारण	:	'कामसूत्र' का एक प्रकरण जिसमें कन्या-प्राप्ति के उपाय हैं।
आभ्यासिकी	:	अभ्यास से सिद्ध प्रीति।
आभिमानिकी	:	संकल्प से सिद्ध प्रीति।
सम्प्रत्ययात्मिका	:	पारस्परिक विश्वास से सिद्ध प्रीति।
विषयात्मिका	:	श्रोत्रादि इन्द्रियों के प्रत्यक्ष ज्ञान से और लोक से सिद्ध प्रीति।
प्रयोज्या	:	प्रेमिका।
समरत	:	समान स्त्री-पुरुष का सम्भोग।
अशिक्षितपटुत्वम्	:	कामशास्त्र की शिक्षा के बिना ही स्त्रियों का स्वतः कामकला में प्रवीण होना।

एकपुरुषाभियोग	:	'कामसूत्र' का एक प्रकरण जिसमें कन्या-प्राप्ति के लिए एक पुरुष के द्वारा करणीय उपाय हैं।
मयूरपदक	:	नखक्षत का एक प्रकार। पाँचों नाख़ूनों से स्तन को अपनी ओर खींचने से बनी रेखा।
रागवत्	:	प्रथम दर्शन में ही प्रेम हो जाना।
आहार्य राग	:	किसी स्त्री से धीरे-धीरे प्रेम बढ़ाना।
कृत्रिम राग	:	बनावटी प्रेम।
व्यवहित राग	:	किसी स्त्री से सम्भोग करते समय अन्य स्त्री के प्रेम की कल्पना।
व्रती	:	संकल्पशील।
पोटारत	:	कामवासना की तृप्ति के लिए अधम स्त्री से सम्बन्ध जोड़ना।
खलरत	:	कामवासना की तृप्ति के लिए किसी हीन व्यक्ति से प्रेम-सम्बन्ध जोड़ना।
अयंत्रित रत	:	परस्पर पूर्ण परिचित स्त्री-पुरुष की सम्भोग क्रिया।
अंगराग	:	उबटन।
उरोज	:	स्तन।
ऊरु	:	जाँघ।
स्मारणीयक	:	नायिका के स्तनों और जंघाओं पर नाख़ूनों से रेखाएँ खींचना।
सुरत	:	सम्भोग।
कन्याविस्रम्भण	:	'कामसूत्र' का एक प्रकरण जिसमें विवाह के पश्चात सहवास-संयम का वर्णन है।
शुद्ध संशय	:	लक्ष्यसिद्धि में सन्देह होना।
संकीर्ण संशय	:	यह कार्य होगा या नहीं! इस प्रकार का संशय करना।
गोष्ठीसमवाय	:	साहित्यिक एवं सामाजिक गोष्ठियों का आयोजन।

घटानिबन्धन : देवालय में त्योहारों एवं समारोहों पर सामूहिक नृत्य, गान एवं गोष्ठी का आयोजन।

छायाचुम्बन : दर्पण या दीवार पर प्रतिबिम्बित नायक-नायिका की परछाईं का चुम्बन।

रतरम्भावसानिक : 'कामसूत्र' का एक प्रकरण जिसमें रत के आरम्भ-अन्त में क्या करना चाहिए, इसका विवेचन है।

चित्ररत : 'कामसूत्र' का एक प्रकरण जिसमें सम्भोग की अद्भुत विधियों—स्थिररत, अवलम्बितक, धेनुक, संघटक, गोयूथिक, वारिक्रीडितक—का विवेचन है।

चक्षु:प्रीति : स्त्री के प्रथम दर्शन से आँखों में प्रेम का संचार हो जाना।

चित्तासंग : मन में प्रेमास्पद के प्रति आसक्ति उत्पन्न होना।

संकल्प : प्रेमास्पद की प्राप्ति के लिए संकल्परत हो जाना।

निद्राच्छेद : प्रेमास्पद की चिन्ता में नींद उड़ जाना।

तनुता : प्रेमास्पद की चिन्ता में नींद उड़ जाने से देह से दुर्बल हो जाना।

व्यावृत्ति : दुर्बलता के कारण विषयों से विरक्ति और दैनिक कार्यों से अरुचि।

लज्जाप्रणाश : निर्लज्ज हो जाना और गुरुजनों से भी न डरना।

उन्माद : पागलपन।

मूर्च्छा : बेहोशी।

मरण : मृत्यु।

भावपरीक्षा : 'कामसूत्र' का एक प्रकरण जिसमें नायिका के मनोभावों की परीक्षा से सिद्धि का उल्लेख है।

प्रवासचर्या : 'कामसूत्र' का एक प्रकरण जिसमें पति के परदेश चले जाने पर पत्नी के कर्तव्यों का वर्णन है।

एकचारिणी	: सद्गृहिणी।
क्षीरजलक	: कामांध नायक-नायिका का प्रगाढ़ आलिंगन।
स्त्रीपुरुषशीला-वस्थापन	: 'कामसूत्र' का एक प्रकरण जिसमें स्त्री-पुरुष के शील-स्वभाव का अवस्थापन है।
सवर्णा	: अपनी जाति की स्त्री।
निरनुबन्ध	: लाभ की दृष्टि से किसी से भी समागम करना।
नीवीविस्रंसण	: अधोवस्त्र की गाँठ खोलना।
नखविलेखन	: नखक्षत।
बेंदा	: माँगटीका।
कर्णफूल	: झुमके।
महावर	: आलता।
मेखला	: कमरपेटी।
मध्यमांगी	: मध्यम अंगों वाली।

अन्य सन्दर्भ

- 'गोष्ठीसमवाय' में क्रमशः प्रस्तुत कविता-शीर्षक, कविता-पंक्तियाँ और कविता शमशेर बहादुर सिंह की देन हैं।
- 'स्त्रीपुरुषशीलावस्थापन' में प्रस्तुत पंक्ति 'मुझे चाँद चाहिए' सुरेन्द्र वर्मा के एक बहुचर्चित उपन्यास का शीर्षक है।